ESPACIO INCREÍBLE

LOS VEHÍCULOS ESPACIALES

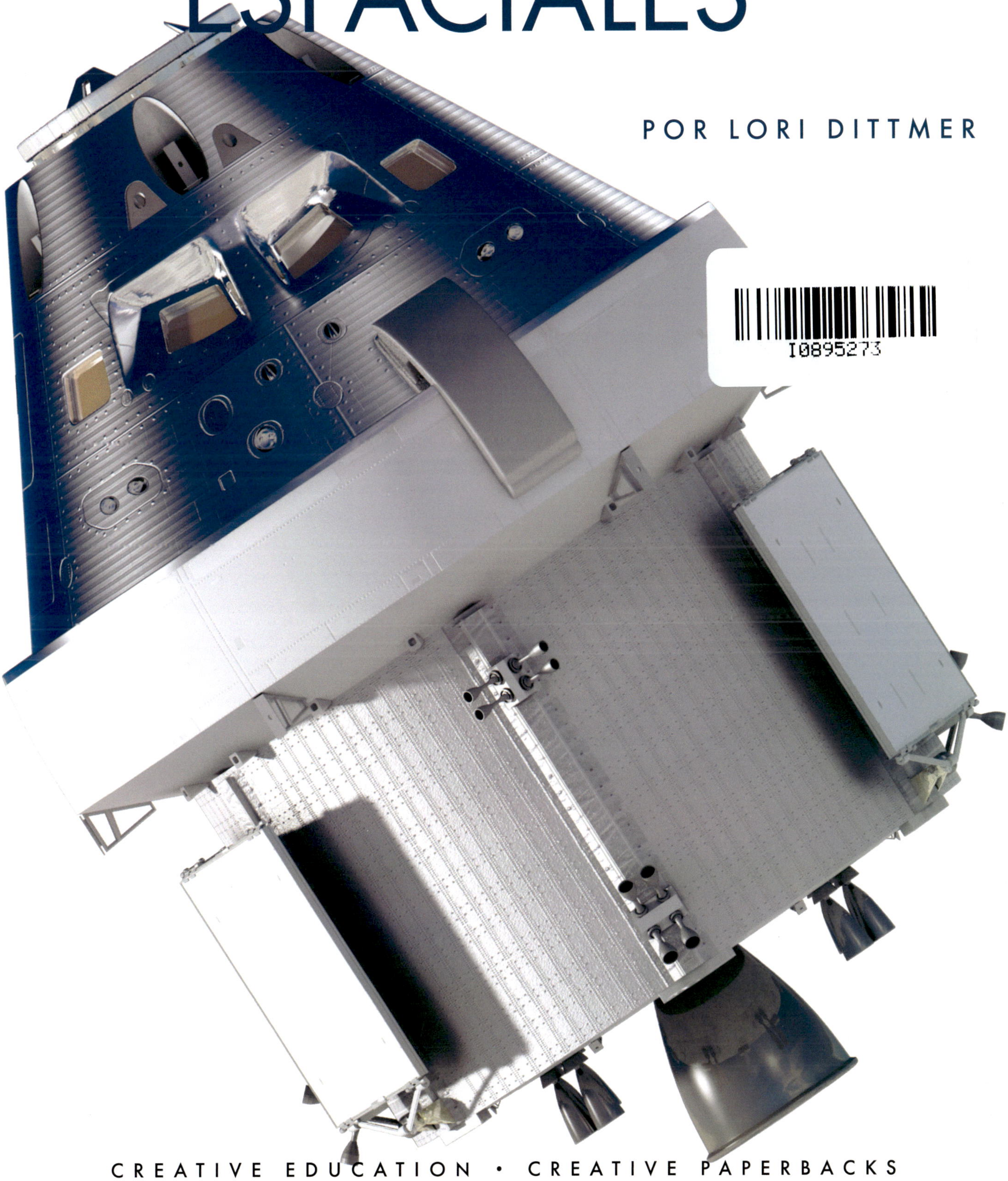

POR LORI DITTMER

CREATIVE EDUCATION • CREATIVE PAPERBACKS

Publicado por Creative Education
y Creative Paperbacks
P.O. Box 227, Mankato, Minnesota 56002
Creative Education y Creative Paperbacks
son sellos de The Creative Company
www.thecreativecompany.us

Diseño de The Design Lab
Dirección artística de Graham Morgan
Editado por Ana Brauer

Fotografías de NASA/Unknown, 7, 8, 10, 13, 20, Alberto Bertolin, Bradley Reynolds, 22, Keegan Barber, 21; Wikimedia Commons/Arto Jousi, Suomen valokuvataiteen museo, Alma Media y Uuden Suomen kokoelma, 4, Balon Greyjoy, 5, Expedition 20 Crew y NASA, 6, NASA, portada, 1, 12, 17, 19, NASA/Bill Ingalls, 2, NASA/Johns Hopkins University Applied Physics, Laboratory/Southwest Research Institute/Alex Parker, 18, Neil Armstrong, 14, U.S. Air Force/Senior Airman Jet Fabara, 9

Library of Congress Cataloging-in Publication Data
Names: Dittmer, Lori, author.
Title: Los vehículos espaciales / Lori Dittmer.
Other titles: Space vehicles. Spanish
Description: Mankato, Minnesota : Creative Education and Creative Paperbacks, [2025] | Series: Espacio increíble | Includes index. | Audience: Ages 6–9 | Audience: Grades 2–3 | Summary: "Learn about space vehicles, such as orbiters, landers, and shuttles, and the missions they serve. Translated into North American Spanish, this astronomy title for elementary-aged kids includes captions, on-page definitions, a space science feature, and an index"— Provided by publisher.
Identifiers: LCCN 2024022767 (print) | LCCN 2024022768 (ebook) | ISBN 9798889895411 (library binding) | ISBN 9781682777343 (paperback) | ISBN 9798889895497 (ebook)
Subjects: LCSH: Space vehicles—Juvenile literature.
Classification: LCC TL795.D5814 (print) | LCC TL795 (ebook) | DDC 629.1/2—dc23/eng/20240611
LC record available at https://lccn.loc.gov/2024022767
LC ebook record available at https://lccn.loc.gov/2024022768

Impreso en China

Índice

El primer vehículo utilizado para transportar humanos al espacio sólo tenía espacio para una persona. Yuri Gagarin (izquierda) fue la primera persona en viajar al espacio.

Los vehículos espaciales vuelan y trabajan en el espacio exterior. Estudian lugares lejanos. Algunos **orbitan** la Tierra. Otros aterrizan en la Luna. Los vehículos realizan muchos tipos de **misiones**. A veces llevan una tripulación.

misión tarea o trabajo importante que se asigna

orbitar viajar en una trayectoria alrededor de un objeto

Los vehículos espaciales funcionan con paneles solares, baterías o combustible especial.

Los orbitadores rodean lunas o planetas. Estudian el planeta y envían información a la Tierra. Los aterrizadores recogen muestras de suelo en la superficie de la Luna. Los telescopios observan objetos lejanos. Los transbordadores espaciales transportan tripulaciones de personas.

Los transbordadores espaciales se llamaron Enterprise, Endeavor, Atlantis, Columbia, Challenger y Discovery.

La **NASA** utilizó transbordadores espaciales desde 1981 hasta 2011. Estos transbordadores llevaban humanos al espacio. Las naves espaciales se lanzaban al espacio como cohetes. Aterrizaban de vuelta en la Tierra como aviones. Volaron una y otra vez. Realizaron 135 misiones.

NASA La Administración Nacional de la Aeronáutica y del Espacio es una agencia estadounidense que explora el espacio

United States
NASA

La NASA detuvo el programa del transbordador espacial porque era demasiado peligroso.

Los transbordadores espaciales llevaron astronautas a la órbita baja de la Tierra. Los astronautas repararon **satélites**. Ayudaron a construir la Estación Espacial Internacional (ISS). Hoy en día, la nave espacial *Soyuz* transporta personas y provisiones hacia y desde la ISS.

satélite algo que se mueve alrededor de un objeto mayor

Un tanque de combustible externo es eyectado al finalizar la fase de lanzamiento del transbordador.

Todo vehículo espacial necesita un impulso para llegar al espacio. Un cohete despega. Lleva consigo la nave espacial. Cuando el cohete supera la **gravedad** de la Tierra, vuelve a caer a la Tierra. El vehículo continúa su camino.

gravedad la fuerza que tira de todo hacia el suelo

USA

Durante la misión Apolo 11, Neil Armstrong se convirtió en la primera persona en pisar la Luna.

En 1957, la **Unión Soviética** lanzó *Sputnik 1*. Este satélite tenía el tamaño de una pelota de playa. Se puso en órbita alrededor de la Tierra. En 1961, el primer humano viajó al espacio. Su nave dio una vuelta alrededor de la Tierra. En 1969, la misión estadounidense Apolo 11 envió humanos a la Luna.

Unión Soviética unión de Rusia y otros gobiernos que formaron un gran país de 1922 a 1991

Los científicos utilizan vehículos espaciales no tripulados para ver el espacio profundo. El orbitador *Galileo* fue lanzado en 1989. Tomó fotografías y lecturas de la temperatura de Júpiter. El orbitador completó 34 viajes alrededor de Júpiter. En 2003, se estrelló contra el planeta.

Galileo tardó seis años en llegar a Júpiter.

En 2019, la New Horizons alcanzó el Cinturón de Kuiper, una parte del espacio profundo situada más allá de Neptuno.

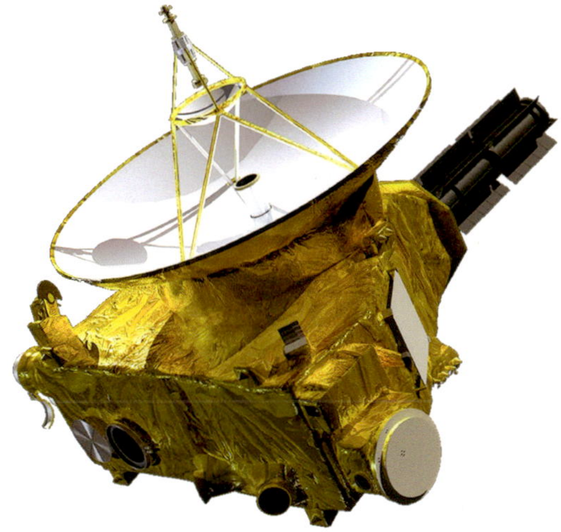

La sonda espacial *New Horizons* salió al espacio en 2006. Su misión era estudiar Plutón. Llegó al planeta enano en 2015. La sonda sigue enviando información sobre los confines del sistema solar.

Una foto de Plutón tomada por New Horizons.

Los vehículos espaciales nos han ayudado a explorar el espacio. Han llevado a humanos a la Luna. Podemos utilizarlos para averiguar cómo enviar a los humanos aún más lejos. ¡Algún día, un vehículo espacial llevará a la gente a Marte y más allá!

La misión Artemis II prevista por la NASA enviará astronautas alrededor de la Luna por primera vez desde 1972.

En el punto de mira: Orion

La NASA está trabajando en un nuevo vehículo llamado *Orion*. Una tripulación de cuatro personas puede vivir en *Orion* durante 21 días. *Orion* ya ha sido enviado al espacio. Llevó maniquíes para probar el nivel de **radiación** en la nave. El siguiente paso es que una tripulación viva viaje a la Luna. Si eso va bien, una futura misión enviará una tripulación a Marte.

radiación partículas de energía en el espacio que pueden causar daño

Índice